Eternidad y Consciencia:
El Enigma de la Vida Después de la Muerte

colección

TABLA
ESMERALDA

La Colección *Tabla Esmeralda* es mucho más que una serie de libros: es una invitación a descubrir tu poder interior y a explorar los secretos más ocultos del universo. A través de una selección exquisita de obras emblemáticas en los campos del esoterismo, la autoayuda y el pensamiento espiritual, esta colección está pensada para aquellos que buscan expandir su conciencia y comprender los misterios que han fascinado a la humanidad desde tiempos ancestrales.

Cada libro te guiará en un viaje profundo hacia el conocimiento místico y el desarrollo personal, ayudándote a desentrañar los enigmas que rodean la existencia humana y a conectar con el poder transformador de la mente y el alma. Si sientes el llamado de lo desconocido, si anhelas descubrir verdades ocultas y elevar tu ser a nuevas dimensiones, la Colección Tabla Esmeralda es el compañero perfecto en tu búsqueda espiritual.

R. LEWIS

ETERNIDAD Y CONSCIENCIA:

EL ENIGMA DE LA VIDA DESPUÉS DE LA MUERTE

ALCARAZ
EDICIONES

© Alcaraz Ediciones, 2025
© Autor R. Lewis, 2025
© Traducción: Maritza Izquierdo, 2025

Mare Nostrum, 44
46420 – El Perelló
Sueca, Valencia
Teléf.: (+34) 910 46 54 33
e-mail: info@ alcarazediciones.es
https://alcarazediciones.es

I.S.B.N.: 979-13-87586-76-8

Diseño y maquetación: Iván García Molinero
Printed in Spain / Impreso en España

ÍNDICE

PRÓLOGO

Introducción al enigma de la vida y la muerte

La muerte, inevitable y silenciosa, representa uno de los mayores misterios de la existencia humana. Desde los albores de la civilización, culturas y civilizaciones han intentado comprender el umbral que separa la vida de aquello que yace después. Como bien expresó el poeta inglés John Donne, "la muerte no será más; la muerte, tú morirás" — una frase cargada de simbolismo que encierra, en sí misma, una paradoja: ¿es la muerte un fin o un paso hacia otra forma? de existencia?

Desde una perspectiva científica, la muerte ha sido descrita en términos fisiológicos y biológicos, como un cese irreversible de las funciones vitales. Sin embargo, más allá de esta definición clínica, queda una pregunta persistente: ¿qué ocurre con la conciencia? A medida que la medicina, la psicología y la física avanzan, las preguntas en torno a la continuidad de la conciencia después de la muerte no solo persisten, sino que inspiran investigaciones cada vez más profundas. El físico Max Planck, considerado el padre de la teoría cuántica, sugirió que "la conciencia es fundamental" y que "la materia es derivada de la conciencia". Para él, el mundo físico es secundario a la existencia de una fuerza consciente, una declaración que aún resuena entre científicos y filósofos.

Reflexión sobre la naturaleza de la conciencia y su posible continuidad

La conciencia, esa capacidad de percibir y reflexionar sobre uno mismo y el entorno, sigue siendo un enigma. Neurocientíficos como el Dr. Stuart Hameroff han propuesto, junto con el físico Sir Roger Penrose, teorías radicales sobre la conciencia. Según sus hipótesis de "reducción objetiva orquestada", la conciencia puede ser el resultado de procesos cuánticos en los microtúbulos de las neuronas, lo que plantea la posibilidad de que el "yo" no esté exclusivamente ligado al cuerpo físico, sino que sea parte de un sistema mayor.

Algunos científicos y filósofos modernos defienden la teoría de la "consciencia no local", según la cual la conciencia existe más allá del cerebro y el cuerpo físico. Esta visión está respaldada por una serie de estudios de experiencias cercanas a la muerte (ECM), donde personas que han estado clínicamente muertas relatan experiencias vívidas y extra-corpóreas. En un célebre estudio dirigido por el Dr. Pim van Lommel, cardiólogo y pionero en el estudio de las ECM, se documentaron casos de pacientes que, tras haber sido de-clarados clínicamente muertos, describieron eventos que sucedieron en el quirófano y, en algunos casos, en lugares lejanos, con un de-talle y precisión que desafiaban cualquier ex-plicación convencional.

Para el filósofo indio Swami Vivekananda, la conciencia era el "único testigo de todas las experiencias y el núcleo eterno del yo". En su obra, él mismo se cuestionaba: si la con-ciencia es eterna, ¿es posible que trascienda la muerte del cuerpo? Este concepto, aunque profundamente arraigado en el hinduismo y el budismo, ha sido explorado por otros pen-sadores occidentales, como Carl Jung, quien creía en la persistencia del alma más allá de la muerte física.

En los próximos capítulos, exploraremos estas y otras perspectivas. Nos sumergimos en teorías científicas, relaciones personales y aproximaciones filosóficas para intentar des-entrañar el misterio de la muerte y el enigma de la conciencia.

Capítulo 1: La Muerte: Realidad Biológica y Misterio Existencial

1.1 Definición científica de la muerte y los procesos biológicos finales

Desde la perspectiva científica, la muerte se define como el cese irreversible de las funciones biológicas que sustentan la vida. Médicamente, esto implica la detención de la actividad cardíaca, respiratoria y, en última instancia, cerebral, siendo la "muerte cerebral" —o la pérdida total e irreversible de la actividad cerebral, incluidas las funciones del tronco encefálico— el criterio fundamental para declarar. la muerte de una persona, como lo propuso el Comité de Harvard sobre el Cese de la Vida en la década de 1960.

El proceso de muerte, sin embargo, no ocurre de inmediato sino en etapas progresivas a nivel celular y orgánico. En primer lugar, se produce la "necrosis", un deterioro de las células debido a la pérdida de oxígeno y nutrientes, lo que provoca su ruptura. A esto se suma la "apoptosis" o muerte celular programada, un proceso en el que las células activan un mecanismo de autodestrucción. Estas etapas marcan el principio del deterioro físico post-mortem, en el que cada tejido y órgano experimenta una descomposición gradual. La comprensión científica de la muerte se centra, por lo tanto, en estos aspectos fisiológicos, aunque su verdadero significado y alcance han trascendido el ámbito médico y biológico, planteando preguntas que abarcan también la filosofía, la religión y el esoterismo.

1.2 La muerte en las distintas culturas: un enfoque histórico y antropológico

La percepción de la muerte ha variado profundamente entre culturas y épocas, cada una aportando su propia visión sobre el fin de la existencia física y lo que, en su caso, pueda haber más allá. En el Antiguo Egipto, por ejemplo, la muerte era vista como una transición a la eternidad. Los egipcios creían que el alma del difunto emprendía un viaje a través del "Duat", el reino de los muertos, donde enfrentaba pruebas antes de poder alcanzar el descanso eterno junto a los dioses. Este tránsito era cuidadosamente guiado a través del "Libro de los Muertos", un texto sagrado que brindaba instrucciones para superar cada obstáculo del inframundo.

De igual forma, las civilizaciones precolombinas, como la azteca y la maya, concebían la muerte como una parte integral de un ciclo perpetuo. Para los mayas, el "Xibalbá" representaba el lugar de descanso para los muertos, mientras que los aztecas situaban a los difuntos en el "Mictlán", el inframundo, donde el dios Mictlantecuhtli los recibía. En ambas culturas, la muerte era un pasaje natural dentro del ciclo de la vida, y su influencia se extendía a los ritos funerarios y ofrendas. Este enfoque no se limitaba solo a la América precolombina; en el mundo oriental, tanto el hinduismo como el budismo han visto la muerte como un momento de tránsito, donde el alma deja el cuerpo físico para reencarnarse y continuar su evolución espiritual.

1.3 El enigma filosófico de la muerte: ¿aniquilación o transición?

Desde la filosofía clásica hasta la contemporánea, la muerte ha sido un enigma que invita a la reflexión. Platón, por ejemplo, en su diálogo *Fedón*, describe la muerte como una liberación del alma de las ataduras físicas, permitiéndole existir en un plano superior de conocimiento y contemplación. Esta idea influyó profundamente en el pensamiento cristiano, donde la muerte se interpreta como un paso hacia la eternidad junto a lo divino. Así, para Platón y muchos pensadores cristianos, la muerte no es el final, sino una puerta hacia otra forma de existencia.

Sin embargo, con el surgimiento del existencialismo en el siglo XX, filósofos como Martin Heidegger y Jean-Paul Sartre adoptan una perspectiva diferente. Heidegger, en su obra *Ser y Tiempo*, introduce el concepto de "ser-para-la-muerte", sosteniendo que la conciencia de la muerte es esencial para vivir una vida auténtica y significativa. En este sentido, la muerte se convierte en el límite último, una realidad ineludible que otorga valor a cada instante de la existencia. Sartre, por otro lado, se muestra escéptico ante cualquier noción de continuidad después de la muerte. Para él, la muerte es una "nada absoluta", un fin definitivo de la conciencia y el ser.

Esta dicotomía plantea preguntas fundamentales sobre la naturaleza de la muerte: ¿Es un evento final y absoluto, o representa una transición a otro tipo de existencia? Para aquellos que creen en la continuidad del "yo" después de la muerte, esta se ve como una especie de umbral hacia lo desconocido, una "puerta" abierta, como la describió el poeta Rainer Maria Rilke, "que se abre ante nosotros y que aún no entendemos".

1.4 Testimonios de experiencias cercanas a la muerte (ECM): una introducción

En las últimas décadas, los relatos de experiencias cercanas a la muerte (ECM) han captado la atención tanto del público general como de la comunidad científica. Estas experiencias, combinadas reportadas por personas que han estado en situaciones críticas o que han sido declaradas clínicamente muertas, describen una serie de fenómenos que incluyen sensaciones de abandono del cuerpo, visiones de una luz intensa, encuentros con seres espirituales y, en algunos casos, revisadas panorámicas de toda la vida del individuo. El pionero en estudiar y documentar estos fenómenos fue el Dr. Raymond Moody, cuyo libro *Vida Después de la Vida* (1975) identificó elementos recurrentes en los relatos de ECM, lo cual sugirió una posible universalidad en las experiencias post-mortem.

A partir de estos estudios iniciales, numerosos investigadores han profundizado en el análisis de las ECM. El Dr. Pim van Lommel, cardiólogo holandés, llevó a cabo uno de los estudios más extensos sobre el tema en hospitales europeos, documentando casos en los que pacientes describían con precisión detalles de su entorno o de eventos ocurridos mientras permanecían clínicamente muertos. Estos testimonios han dado pie a teorías que exploran la posibilidad de que la conciencia pueda, de alguna forma, perdurar más allá del momento de la muerte física.

La comunidad médica sigue dividida respecto a la interpretación de estas experiencias. Algunos científicos, como el Dr. Sam Parnia, han planteado que las ECM podrían deberse a alteraciones en el cerebro producidas por la falta de oxígeno. Sin embargo, otros investigadores sostienen que ciertos detalles observados durante las ECM, imposibles de explicar mediante procesos fisiológicos, sugieren la existencia de una "conciencia no local", es decir, una forma de percepción que no depende del cerebro físico.

Estos relatos y estudios sugieren que la comprensión científica de la muerte puede no ser suficiente para explicar la totalidad del fenómeno, y que tal vez existe una dimensión de la conciencia aún inexplorada. Este capítulo ha abordado la muerte desde un enfoque científico, cultural, filosófico y experiencial, sentando las bases para un estudio más profundo en los siguientes capítulos sobre el misterio de la muerte y la posibilidad de una existencia consciente.

Capítulo 2: La Teoría de los Sistemas Morales (SM) y su Relación con la Vida Eterna

2.1 Introducción a la teoría del SM: ¿Qué es y cómo se relaciona con la conciencia?

La teoría de los Sistemas Morales (SM) se basa en la premisa de que las estructuras éticas y morales, al igual que los sistemas de creencias, tienen un impacto directo en la forma en que percibimos la realidad, incluida la vida, la muerte y la posibilidad de una existencia eterna. Esta teoría sostiene que las creencias morales no solo influyen en el comportamiento humano, sino que también pueden moldear la naturaleza de la conciencia, sugiriendo una conexión intrínseca entre el "yo" consciente y los sistemas de valores que rigen nuestra vida.

El SM explora cómo los valores morales y las normas éticas son capaces de trascender el plano físico, tejiendo un sistema de significado que podría acompañar a la conciencia incluso más allá de la muerte. Este enfoque plantea la idea de que la "vida eterna" no se refiere únicamente a una continuidad física, sino a la perpetuación del "yo" en un nivel moral y de valor existencial, donde los actos, principios y creencias se convierten en el núcleo. de una existencia que trasciende el cuerpo.

2.2 El papel de los sistemas de creencias en la percepción de la muerte

Los sistemas de creencias han desempeñado un papel fundamental en la forma en que las personas y las culturas perciben la muerte a lo largo de la historia. Religiones, ideologías y filosofías han ofrecido diversas interpretaciones de la muerte y de lo que podría haber más allá de ella, cada una influyendo en la percepción individual y colectiva de este inevitable acontecimiento. Para muchas religiones, como el cristianismo, el islam y el hinduismo, la muerte es vista como una transición hacia una existencia superior, en la que el alma del individuo continúa su viaje en función de sus actos en vida y sus creencias.

En este contexto, el SM se plantea como un sistema en el que la moralidad y la conciencia están intrínsecamente unidas a la percepción de la muerte. Una persona que ha vivido conforme a principios morales puede percibir la muerte no como una aniquilación, sino como una continuidad en otro plano, donde los valores y actos del individuo perduran. En contraste, para aquellos que no creen en una continuidad de la conciencia, la muerte puede interpretarse como un fin absoluto, y su experiencia de vida suele estar menos ligada a los principios trascendentes de un sistema moral duradero.

Esta relación entre creencias y percepciones también es abordada por la psicología moderna. Carl Jung, por ejemplo, afirmaba que los sistemas de creencias tienen el poder de dar forma a la psique humana, influyendo en cómo las personas experimentan la vida y la muerte. De este modo, el SM refleja la influencia que estas estructuras simbólicas tienen sobre la experiencia humana, moldeando el significado que atribuimos a la vida y su conclusión.

2.3 SM y conciencia: ¿Puede la conciencia existir fuera del cuerpo físico?

Uno de los temas centrales de la teoría de los Sistemas Morales es la pregunta de si la conciencia puede, de alguna forma, perdurar fuera del cuerpo físico. La filosofía y la ciencia han intentado abordar esta cuestión durante siglos. Desde una perspectiva científica, la conciencia es el resultado de procesos neuronales complejos, que dependen de la actividad del cerebro para su manifestación. Sin embargo, la teoría del SM plantea una posibilidad distinta: que la conciencia no esté necesariamente confinada al cerebro y pueda existir de alguna forma autónoma.

Esta idea se encuentra alineada con teorías de la "conciencia no local", defendidas por científicos como el Dr. Pim van Lommel y el Dr. Bruce Greyson, quienes sugieren que la conciencia podría estar ligada a un campo mayor, independiente de las limitaciones físicas. del cuerpo. Estudios sobre experiencias cercanas a la muerte (ECM) han mostrado que personas que han sido declaradas clínicamente muertas han tenido experiencias extracorporales detalladas y coherentes, lo cual abre la posibilidad de que la conciencia no dependa exclusivamente del cerebro.

Desde el enfoque del SM, la conciencia, en su relación con los sistemas de valores y creencias, podría tener una dimensión que trasciende el cuerpo físico. De esta manera, la teoría del SM plantea que el "yo" moral podría permanecer activo y consciente en una realidad independiente del cuerpo, lo que sugiere una forma de vida eterna en la que la esencia del individuo se mantendría intacta en un plano de valores. y principios, aunque el cuerpo haya perdido.

2.4 Ética, moral y la continuidad del "yo": una exploración teórica

La ética y la moral no solo representan normas sociales, sino que también conforman una estructura interna que define la identidad y continuidad del "yo". Según el SM, el "yo" consciente y sus valores morales están profundamente interconectados; las decisiones éticas y el sistema de creencias de un individuo se convierten en la base de su identidad. Esto plantea una hipótesis interesante: si el "yo" está definido por sus valores, ¿podrían estos valores mantener una forma de continuidad después de la muerte?

Esta cuestión toca también conceptos filosóficos como el dualismo y el monismo. Para el dualismo, defendido por filósofos como Descartes, el "yo" es independiente del cuerpo físico y podría, en teoría, perdurar después de la muerte. Por otro lado, el monismo, que sostiene que la mente y el cuerpo son una misma entidad, plantea que la continuidad del "yo" es imposible sin el cuerpo. La teoría del SM, sin embargo, sugiere un modelo alternativo en el que la identidad individual está ligada a valores y creencias. De este modo, si los valores pueden subsistir en otro plano, el "yo" consciente también podría hacerlo, estableciendo una continuidad basada en principios morales y éticos.

Esta exploración teórica tiene importantes implicaciones para la idea de la vida eterna. Si la identidad de un individuo está definida por sus valores y estos valores pueden sobrevivir a la muerte, la teoría del SM sugiere que la esencia moral del "yo" —su conciencia, sus principios y su sentido de propósito— podría formar parte de un sistema mayor, un entramado ético y existencial que le permitiría permanecer en un estado de continuidad moral después de la muerte.

Capítulo 3: Experiencias Cercanas a la Muerte (ECM) y Casos de Estudio del Dr. Sanz Segarra

3.1 La definición y características de las ECM

Las experiencias cercanas a la muerte (ECM) se refieren a una serie de vivencias extraordinarias reportadas por personas que han estado al borde de la muerte, en estado crítico o incluso declaradas clínicamente muertas, y que posteriormente han recuperado la conciencia. Estas experiencias suelen presentar características comunes y han sido documentadas desde la antigüedad, aunque el interés científico y sistemático en ellas se popularizó en la década de 1970 con el libro *Vida Después de la Vida* del Dr. Raymond Moody.

Entre las características más frecuentes de las ECM, se encuentran:

- **Sensación de separación del cuerpo:** La persona suele relatar una vivencia en la que percibe que abandona su cuerpo físico y se observa a sí misma desde una perspectiva externa, flotando en el aire o en el techo.

- **Sentimiento de paz y ausencia de dolor:** Muchos testimonios mencionan un estado de calma y paz profunda, en contraste con el dolor o la angustia física experimentada antes de la ECM.

- **Atracción hacia una luz intensa:** Un elemento central en los relatos de ECM es la visión de una luz brillante que parece estar al final de un túnel, percibida como cálida y acogedora.

- **Encuentros con seres espirituales o familiares fallecidos:** Las personas en ECM describen encuentros con figuras que identifican como familiares o guías espirituales, quienes les transmiten un mensaje de tranquilidad o les indican que "no es su momento".

- **Revisión panorámica de la vida:** Otro aspecto común es la revisión retrospectiva de la vida, en la que se revive cada experiencia importante en un instante, percibiendo emociones y sensaciones tanto propias como de las personas afectadas por sus actos.

Estas características de las ECM han llevado a que muchos se pregunten si la conciencia puede existir fuera del cuerpo físico y si estas experiencias podrían aportar pistas sobre la existencia de una realidad más allá de la vida.

3.2 El impacto psicológico y espiritual de las ECM

Las experiencias cercanas a la muerte a menudo producen cambios profundos en la vida de quienes las han vivido, tanto a nivel psicológico como espiritual. Para muchas personas, una ECM representa un punto de inflexión en sus vidas. Varios estudios, entre ellos los realizados por el Dr. Bruce Greyson, han demostrado que los sobrevivientes de ECM tienden a experimentar un incremento en la espiritualidad, una disminución en el miedo a la muerte y una mayor empatía hacia los demás. En algunos casos, también se observan cambios en valores y prioridades personales, orientándose hacia una vida más centrada en el crecimiento personal y la conexión humana.

Desde un punto de vista psicológico, estos cambios pueden ser tanto positivos como desafiantes. El cambio de perspectiva puede llevar a un conflicto interno, especialmente cuando el entorno social o familiar no comparte la misma visión espiritual. En algunos casos, quienes han vivido ECM pueden experimentar dificultades para volver a su rutina, reportando sentimientos de desconexión o falta de propósito en sus ocupaciones anteriores. Para algunos, esto representa una "crisis existencial" que los lleva a explorar más profundamente el sentido de la vida y la muerte.

En cuanto al impacto espiritual, los testimonios sugieren que las ECM despiertan una convicción en la existencia de una dimensión más allá de lo físico. Quienes atraviesan una ECM suelen reportar un incremento en su interés por la espiritualidad y un sentido renovado de misión o propósito de vida. Esta transformación se describe en muchos casos como una "iluminación", donde la persona se siente en paz con el concepto de la muerte y, en algunos casos, motivada a compartir su experiencia para ayudar a otros en sus propias luchas existenciales.

3.3 Casos documentados por el Dr. Sanz Segarra: análisis y descubrimientos

El Dr. Sanz Segarra, médico e investigador especializado en el estudio de las experiencias cercanas a la muerte, ha documentado numerosos casos de ECM en pacientes que han estado clínicamente muertos y que, tras reanimarse, relataron experiencias vívidas que desafían las explicaciones convencionales. Uno de los casos más significativos registrados por el Dr. Sanz es el de un paciente que, durante un paro cardíaco, relató haber flotado fuera de su cuerpo y visto detalles en la sala de reanimación que no habría podido percibir desde su posición en la camilla. . Posteriormente, el paciente describió con precisión el instrumental médico, las acciones del equipo de reanimación e incluso conversaciones que ocurrieron en el quirófano.

Otro caso documentado por el Dr. Sanz involucra a un paciente que, al estar clínicamente muerto por unos minutos, describió un viaje a través de un túnel hacia una luz brillante y reconfortante, donde se encontró con su abuelo, fallecido años antes. El abuelo le transmitió un mensaje breve, diciéndole que aún no era su momento y que debía regresar. Al despertar, el paciente reportó una paz profunda y un cambio de actitud ante la vida, afirmando que la experiencia había eliminado su temor a la muerte.

Estos casos, al igual que muchos otros documentados por el Dr. Sanz, presentan patrones que se asemejan a las características universales de las ECM, lo que sugiere una posible estructura o "guión" en estas experiencias. Los descubrimientos del Dr. Sanz han contribuido a que la comunidad científica considere seriamente la posibilidad de que las ECM puedan proporcionar una ventana a la naturaleza de la conciencia y su posible continuidad después de la muerte.

3.4 Análisis de patrones comunes en las ECM y sus implicaciones sobre la conciencia post-mortem

El análisis de patrones comunes en las ECM ha llevado a varios investigadores, incluido el Dr. Sanz Segarra, a considerar que estos relatos comparten elementos que podrían indicar la existencia de una estructura universal en las experiencias post-mortem. Los patrones de separación corporal visión, de una luz brillante, encuentros con figuras conocidas y revisión panorámica de la vida sugieren que estos elementos podrían formar parte de un proceso natural de la conciencia al acercarse a la muerte.

Estos patrones también plantean preguntas sobre la relación entre la conciencia y el cerebro. Si, como sugieren las ECM, la conciencia puede existir fuera del cuerpo físico, esto podría implicar que la mente no está completamente ligada a los procesos cerebrales. En este sentido, estudios como los realizados por el Dr. Pim van Lommel y el Dr. Sam Parnia sugieren que podría existir una "conciencia no local" que trasciende la estructura física del cerebro y, por lo tanto, podría continuar existiendo después de la muerte.

Para el Dr. Sanz, estos patrones no solo cuestionan las teorías actuales sobre la naturaleza de la conciencia, sino que también abren la posibilidad de que la conciencia post-mortem sea una realidad. Si bien la ciencia aún no puede demostrar de manera concluyente la existencia de una vida después de la muerte, los patrones observados en las ECM son un indicio de que podría haber una continuidad en la experiencia consciente más allá del cese de las funciones corporales.

En conclusión, este capítulo ha explorado las ECM desde una perspectiva científica y espiritual, proporcionando un contexto para entender su impacto en los individuos y la relevancia de los casos documentados por el Dr. Sanz Segarra. Los patrones comunes observados en las ECM sugieren que la conciencia podría, de algún modo, persistir después de la muerte, y que las experiencias de las personas en situaciones extremas podrían ofrecer una valiosa venta.

Capítulo 4: La Consciencia Más Allá del Cerebro: Teorías Científicas y Filosóficas

4.1 El problema mente-cuerpo: una cuestión sin resolver

El problema mente-cuerpo ha sido una de las cuestiones más profundas y complejas de la filosofía y la ciencia, abordada desde tiempos antiguos y aún sin una resolución concluyente. Este dilema se centra en la relación entre el cuerpo físico, en particular el cerebro, y la mente o conciencia, y plantea preguntas fundamentales: ¿Es la mente simplemente una función del cerebro? ¿O existe como una entidad independiente que, de alguna manera, interactúa con el cuerpo?

Esta cuestión ha dado origen a dos posturas principales: el *dualismo* y el *monismo*. El dualismo, defendido por filósofos como René Descartes, sostiene que la mente y el cuerpo son dos sustancias diferentes. Para los dualistas, la mente es una entidad inmaterial que, aunque puede interactuar con el cuerpo, posee una naturaleza diferente y, por ende, podría tener una existencia independiente de la corporal. En contraste, el monismo afirma que la mente y el cuerpo son una sola realidad y que la conciencia es el producto de procesos neuroquímicos y neuronales. Dentro del monismo, el *materialismo* es la postura dominante en la ciencia contemporánea, sosteniendo que todo lo que llamamos "mente" es, en última instancia, reducible a procesos cerebrales.

La falta de consenso en el problema mente-cuerpo ha impulsado tanto a científicos como a filósofos a explorar alternativas que trasciendan el dualismo y el monismo, proponiendo que la conciencia podría no ser una propiedad exclusiva del cerebro y que, por tanto, la mente podría tener un alcance mayor al del cuerpo físico.

4.2 Teorías sobre la conciencia no local: ¿Puede el "yo" existir sin el cerebro?

El concepto de "conciencia no local" se basa en la hipótesis de que la conciencia no está limitada a las funciones cerebrales, sino que podría tener un alcance y un origen independiente de lo físico. Uno de los defensores de esta teoría, el Dr. Larry Dossey, sugiere que la conciencia es una entidad que opera fuera de las barreras del tiempo y el espacio, describiéndola como un "campo de conciencia" en el que la mente no está confinada al cerebro y el cuerpo. Esta teoría desafiaba la idea convencional de que el "yo" solo existe mientras haya actividad cerebral.

En el campo de las ECM, científicos como el Dr. Pim van Lommel han observado casos en los que pacientes, después de haber sido declarados clínicamente muertos, describen experiencias que parecen ocurrir fuera de su cuerpo físico y de su entorno inmediato. Estos testimonios han llevado a algunos investigadores a considerar la posibilidad de que la conciencia pueda funcionar como un campo no local que, en situaciones extremas, puede existir sin el apoyo del cerebro. Esto se asemeja a la idea de un "campo cuántico" en el que la conciencia es vista como una propiedad fundamental del universo y no solo una función del cerebro.

El modelo de la conciencia no local se ha visto reforzado por estudios que exploran fenómenos como la percepción remota y la telepatía, que han sido observados en experimentos controlados en los que la mente parece trascender los límites físicos del cuerpo. Aunque estas investigaciones son aún controversiales, sugieren la posibilidad de que el "yo" pueda, efectivamente, existir sin el cerebro, al menos de manera temporal o en un estado alterado de conciencia.

4.3 Física cuántica y vida después de la muerte: un acercamiento multidisciplinar

La física cuántica, con sus leyes aparentemente paradójicas, ha ofrecido un marco teórico para cuestionar la naturaleza de la realidad y, por extensión, la naturaleza de la conciencia. Teorías cuánticas como la de la "conciencia cuántica" sugieren que la mente podría estar vinculada a procesos cuánticos que ocurren a nivel subatómico en el cerebro. Uno de los principales defensores de esta teoría, el Dr. Stuart Hameroff, junto con el físico Sir Roger Penrose, han propuesto la hipótesis de la "reducción objetiva orquestada", la cual postula que la conciencia es el resultado de interacciones cuánticas dentro de los microtúbulos de las neuronas.

En este modelo, la conciencia no sería simplemente un producto emergente de la actividad cerebral, sino una propiedad cuántica fundamental que podría tener continuidad más allá de la muerte física. Esta teoría ha suscitado controversia en la comunidad científica, ya que introduce elementos metafísicos en la neurociencia, sugiriendo que la muerte no necesariamente implica el fin de la conciencia, sino una transición hacia un estado diferente de existencia en el "campo cuántico".

Otros enfoques dentro de la física cuántica, como la teoría de los "universos paralelos" y el "colapso de la función de onda", también han sido utilizados para explorar la posibilidad de la vida después de la muerte. Estos conceptos sugieren que el acto de observación o la "conciencia" puede influir en la realidad física, lo que abre la posibilidad de que, en algún nivel, el "yo" pueda continuar existiendo en un universo alternativo o en una realidad diferente a la que experimentamos en el plano físico.

4.4 Análisis crítico de las teorías científicas y su validez en el contexto de la vida eterna

Las teorías científicas que exploran la posibilidad de una conciencia independiente del cerebro, si bien fascinantes, deben ser examinadas críticamente en cuanto a su validez y aplicabilidad en el contexto de la vida eterna. El modelo de la "conciencia no local", por ejemplo, plantea hipótesis innovadoras, pero carece de pruebas concluyentes y enfrenta dificultades metodológicas en su verificación científica. La ciencia, que depende de la observación empírica y la medición, encuentra un obstáculo en la naturaleza intangible de la conciencia y la imposibilidad de observarla directamente.

Asimismo, el modelo de la "conciencia cuántica" presenta desafíos inherentes a la integración de la física cuántica con la neurociencia. Los críticos de esta teoría sostienen que los efectos cuánticos solo son observables a escalas subatómicas, por lo que sería improbable que procesos cuánticos significativos se dieran en las neuronas, estructuras mucho más grandes en comparación con las partículas subatómicas. Sin embargo, defensores como Hameroff y Penrose argumentan que los microtúbulos en las neuronas podrían actuar como "amplificadores" de efectos cuánticos, permitiendo que estos influyan en la conciencia.

La discusión sobre la conciencia cuántica también enfrenta el reto de explicar por qué o cómo el "yo" individuo podría persistir de forma consciente después de la muerte. Aunque la física cuántica sugiere que la información no se destruye, sino que se transforma, la idea de que esta información constituye una identidad consciente autónoma aún es especulativa.

Finalmente, estas teorías resaltan la necesidad de un enfoque interdisciplinario para abordar el problema de la conciencia y la vida después de la muerte. La neurociencia, la física cuántica, la filosofía y la psicología deben trabajar juntas para avanzar en la comprensión de la naturaleza de la conciencia. Aunque aún estamos lejos de una respuesta definitiva, estos avances nos ofrecen una visión ampliada de lo que podría ser la conciencia y su posible continuidad, invitándonos a cuestionar los límites de la vida y la muerte.

Capítulo 5: La Evidencia Científica de la Vida Después de la Muerte

5.1 Estudios de resonancia magnética y actividad cerebral en el momento de la muerte

En los últimos años, los avances en tecnología de imágenes cerebrales, como la resonancia magnética funcional (fMRI) y el electroencefalograma (EEG), han permitido a los científicos observar lo que ocurre en el cerebro en los momentos previos y posteriores a la muerte clínica. . Estos estudios han revelado que, en algunos casos, el cerebro muestra picos de actividad inusuales en el momento en que el cuerpo deja de funcionar. Investigaciones realizadas en la Universidad de Michigan, por ejemplo, han demostrado que en animales en estado de muerte clínica, se observa una oleada de actividad cerebral, conocida como "descarga de transición terminal", que algunos científicos interpretan como un posible correlato de las experiencias. cercanos a la muerte (ECM).

Esta actividad cerebral final plantea preguntas sobre su posible relación con la experiencia consciente. En un estudio pionero, se observaron patrones de ondas gamma, asociados a la percepción y la memoria, en pacientes terminales en el momento de la muerte. Estos picos de actividad cerebral en los instantes finales podrían estar vinculados a las experiencias vividas y registradas durante las ECM, como la revisión panorámica de la vida o las visiones de familiares fallecidos.

Sin embargo, la interpretación de estos hallazgos sigue siendo objeto de debate en la comunidad científica. Algunos investigadores sostienen que esta actividad cerebral es el resultado de procesos bioquímicos y eléctricos en el cerebro agonizante, y no necesariamente una indicación de una forma de vida consciente post-mortem. Otros, en cambio, consideran que esta "descarga final" podría ser una puerta a un estado de conciencia transitoria, sugiriendo una posible continuidad de la percepción incluso después del cese de la actividad vital.

5.2 Investigación sobre percepciones extracorpóreas y su validez científica

Las percepciones extracorpóreas (PEC) o experiencias fuera del cuerpo son uno de los aspectos más estudiados dentro de las experiencias cercanas a la muerte. Durante una PEC, las personas reportan haber flotado fuera de su cuerpo físico y haber observado el entorno desde una perspectiva externa. Algunos de estos relatos incluyen detalles precisos sobre el espacio físico y los acontecimientos que suceden alrededor de la persona en el momento de la experiencia, los cuales no habrían podido percibir desde su posición original.

Uno de los estudios más conocidos sobre PEC fue el *AWARE Study*, dirigido por el Dr. Sam Parnia en 2014. En este estudio, se colocaron imágenes ocultas en las áreas de reanimación de varios hospitales, accesibles solo desde una perspectiva elevada. Aunque los resultados no arrojaron pruebas concluyentes, el estudio abrió el camino para una exploración más sistemática de las PEC, y se continúa investigando si las personas en estado de muerte clínica pueden percibir el entorno desde fuera de su cuerpo.

El debate sobre la validez científica de las PEC también ha suscitado interés en el campo de la neurociencia. Algunos científicos creen que las PEC pueden ser explicadas por fenómenos neuroquímicos que ocurren en el cerebro en situaciones de estrés extremo, mientras que otros consideran que la precisión de ciertos testimonios sugiere una percepción consciente independiente del cerebro. Estos estudios no han logrado una conclusión definitiva, pero presentan una posibilidad intrigante: que la conciencia podría no estar confinada al cerebro, sino ser capaz de manifestarse fuera de él en situaciones límite.

5.3 Experimentos en el ámbito de la física y la bioenergía relacionados con el "alma"

La idea de que el "alma" o la "esencia" de una persona podría tener una existencia separada del cuerpo físico ha inspirado a científicos de distintas disciplinas a realizar experimentos en el ámbito de la bioenergía y la física. Uno de los pioneros en este campo fue el Dr. Duncan MacDougall, quien en 1907 intentó medir el peso del alma al registrar las diferencias de peso en pacientes al momento de su muerte, concluyendo que el cuerpo perdía aproximadamente 21 gramos, un experimento aún citado y cuestionado en estudios contemporáneos.

En la actualidad, la investigación sobre bioenergía y vida después de la muerte ha dado lugar a la teoría del "campo bioenergético". Esta teoría sostiene que el cuerpo humano emite un campo de energía que podría ser independiente del cuerpo físico. Según algunos estudios, este campo puede ser medido y tiene propiedades que no se explican por la actividad biológica convencional. Investigadores como el Dr. Konstantin Korotkov han utilizado técnicas como la fotografía Kirlian para estudiar este fenómeno, capturando imágenes de lo que se ha interpretado como un "campo energético" en torno al cuerpo humano.

En el ámbito de la física, algunos científicos han propuesto la posibilidad de que este campo energético sea una forma de información que persiste tras la muerte, de manera similar a la conservación de la información en la teoría cuántica. Aunque estas investigaciones están en su etapa inicial y son motivo de controversia, plantean la posibilidad de que la conciencia o el "alma" sean en realidad patrones de información o energía que continúen existiendo después de la muerte física.

5.4 ¿Pruebas o coincidencias? Un análisis de la credibilidad científica en torno a la vida eterna

La posibilidad de vida después de la muerte es una de las cuestiones más debatidas en la ciencia contemporánea. Las pruebas, en su mayoría anecdóticas o indirectas, carecen de consenso científico y enfrentan críticas metodológicas que impiden establecer conclusiones firmes. Aunque existen numerosos estudios y casos documentados sobre ECM, percepciones extracorpóreas y teorías sobre bioenergía, aún no se ha obtenido una prueba concluyente de que la conciencia pueda sobrevivir a la muerte.

Algunos científicos argumentan que las ECM y las PEC son fenómenos que pueden explicarse mediante mecanismos cerebrales y bioquímicos en el cerebro agonizante, y que la interpretación de estos eventos como "pruebas" de vida después de la muerte podría estar influenciada por creencias culturales o personales. Otros, sin embargo, consideran que la repetición de ciertos patrones en las ECM y PEC, junto con la precisión de algunos testimonios, sugiere que estos fenómenos merecen una investigación más exhaustiva y abierta, sin el sesgo de asumir que la muerte marca el fin absoluto. de la conciencia.

La credibilidad científica en torno a la vida eterna depende de la solidez de las metodologías empleadas y del desarrollo de herramientas capaces de medir la conciencia en estados de muerte clínica o cerca de ella. Las tecnologías actuales, aunque avanzadas, aún no han alcanzado el nivel de precisión necesario para observar la conciencia de manera independiente del cerebro, ni para estudiar de forma concluyente la existencia de un "alma" o esencia más allá de la muerte.

Este capítulo ha explorado algunas de las evidencias científicas actuales sobre la posibilidad de vida después de la muerte, desde estudios de actividad cerebral y percepciones extracorpóreas hasta investigaciones en bioenergía y física cuántica. Aunque aún estamos lejos de obtener respuestas definitivas, estos estudios representan un paso hacia la comprensión del misterio de la conciencia y la posibilidad de que la muerte no sea el final absoluto.

Capítulo 6: Filosofía y Religión: Perspectivas sobre la Eternidad y el Alma

6.1 La visión de la eternidad en las principales religiones: budismo, hinduismo, cristianismo, islam y judaísmo

Las religiones han ofrecido, desde tiempos inmemoriales, perspectivas sobre la eternidad y la posibilidad de una existencia después de la muerte. Cada una de las grandes religiones plantea una visión particular de la vida eterna, profundamente entrelazada con sus creencias sobre el alma y el propósito último de la vida.

- **Budismo:** En el budismo, la vida eterna no se entiende como una continuidad de la identidad individual en el sentido occidental. Más bien, el budismo introduce la idea de *samsara*, el ciclo de nacimiento, muerte y renacimiento. Los seres están atrapados en este ciclo hasta que alcanzan la iluminación (*nirvana*), un estado de liberación donde se trasciende el sufrimiento y el ciclo de renacimientos. La vida eterna en el budismo, por lo tanto, se logra mediante la extinción del yo individual, un estado de paz y conciencia universal.

- **Hinduismo:** En el hinduismo, el ciclo de renacimiento y reencarnación es también central. Se cree que el alma (*atman*) es inmortal y atraviesa múltiples existencias hasta lograr la *moksha,* o la liberación del ciclo de *samsara* . La *moksha* es un estado de unión con el *Brahman,* la conciencia universal, y representa la disolución de la identidad individual en una existencia eterna y absoluta. A diferencia del budismo, el hinduismo considera el alma como una entidad permanente que, tras cada vida, se transforma y evoluciona.

- **Cristianismo:** El cristianismo postula la existencia de una vida eterna que depende de la relación de cada individuo con Dios. Según la doctrina cristiana, el alma es inmortal y, tras la muerte, las almas justas gozan de la presencia divina en el cielo, mientras que las almas condenadas experimentan una separación de Dios en el infierno. La creencia en la resurrección y el juicio final establece que, al final de los tiempos, las almas serán reunidas con cuerpos resucitados en una vida eterna.

- **Islam:** El islam también enseña una creencia en la vida eterna y en la resurrección después de la muerte. Según el islam, tras la muerte, las almas son juzgadas por Dios y enviadas al paraíso o al infierno en función de sus acciones en la vida terrestre. El Corán describe un paraíso eterno lleno de recompensas para los justos y un infierno eterno para los que rechazan la fe. Como en el cristianismo, el alma tiene un destino final tras el juicio de Dios.

- **Judaísmo:** La visión judía de la vida después de la muerte es variada y no uniforme. Algunas ramas del judaísmo creen en una vida en el mundo venidero (*Olam Ha-Ba*) y en la resurrección en los tiempos mesiánicos, mientras que otras interpretaciones son más metafóricas, entendiendo la inmortalidad en términos de legado y memoria en lugar de una existencia literal. . Sin embargo, el judaísmo tiende a enfocarse en la importancia de la vida presente, dejando las cuestiones sobre la eternidad como un misterio en manos de Dios.

6.2 Convergencias y divergencias entre filosofía occidental y oriental sobre la inmortalidad del alma

La filosofía oriental y occidental han planteado diferentes perspectivas sobre la inmortalidad del alma, aunque ambas comparten puntos de convergencia en sus aspiraciones de trascendencia.

En la *filosofía oriental*, especialmente en el hinduismo y el budismo, el concepto de inmortalidad se basa en la idea de la disolución del yo en una unidad mayor. La inmortalidad no es la perpetuación de la identidad individual, sino una fusión con la conciencia universal o una liberación de los apegos que mantienen al individuo en el ciclo de *samsara*. El enfoque oriental se centra en la disolución del ego y el desapego como medios para alcanzar un estado de conciencia superior y eterno.

En contraste, la *filosofía occidental*, desde Platón hasta el pensamiento judeocristiano, plantea la inmortalidad del alma en términos de continuidad de la identidad personal. Platón, por ejemplo, en su obra *Fedón*, describe el alma como una entidad inmortal y pura, que se libera de las limitaciones del cuerpo al morir. La filosofía cristiana adopta esta noción, considerando que la inmortalidad permite a la persona conservar su identidad y relacionarse con lo divino en una vida futura.

Ambas tradiciones, sin embargo, coinciden en la aspiración de trascender la realidad material y alcanzar una forma de existencia superior. Mientras que la filosofía oriental considera que la liberación de la individualidad es esencial para la inmortalidad, la filosofía occidental postula que la identidad personal es lo que se conserva y da sentido a la vida eterna.

6.3 La dualidad cuerpo-alma: ¿dos entidades o una sola realidad?

La relación entre el cuerpo y el alma ha sido objeto de debate filosófico desde la antigüedad. En las tradiciones dualistas, como la defendida por Platón y más tarde por Descartes, el cuerpo y el alma son dos entidades separadas. Para Platón, el alma es inmortal y temporalmente unida al cuerpo, mientras que Descartes argumenta en sus *Meditaciones Metafísicas* que el "yo" esencial reside en el alma o mente, mientras que el cuerpo es una entidad distinta, material y perecedera.

En contraste, en tradiciones no dualistas como el *monismo*, se sostiene que el cuerpo y la mente son una sola realidad y que la conciencia es un producto de la materia. Este enfoque fue defendido por filósofos materialistas como Spinoza, quien argumentaba que el cuerpo y el alma eran dos aspectos de una misma sustancia. Este enfoque rechaza la idea de una separación absoluta entre el cuerpo y el alma, sugiriendo que ambos son parte de una misma realidad, inseparable y sujeta a la muerte.

El problema del cuerpo y el alma continúa siendo relevante en la filosofía y la ciencia contemporáneas, especialmente en el campo de la neurociencia, que ha proporcionado evidencias de que muchos aspectos de la identidad y la conciencia están ligados a la actividad cerebral. Sin embargo, aún no se ha resuelto la cuestión de si la conciencia es solo una propiedad emergente del cerebro o si existe un elemento trascendente e independiente que podríamos llamar "alma".

6.4 Reflexiones filosóficas modernas: ¿Es la vida eterna una necesidad o una ilusión?

La filosofía moderna ha cuestionado la idea de la vida eterna desde un enfoque existencial y psicológico. Para filósofos como Jean-Paul Sartre y Martin Heidegger, la vida eterna no es una necesidad, sino una ilusión que surge del miedo a la muerte. Heidegger, en su obra *Ser y Tiempo*, sostiene que la aceptación de la muerte es esencial para vivir una vida auténtica. Para Heidegger, la "ser-para-la-muerte" es una condición inherente a la existencia humana, y tratar de evadir este hecho mediante la creencia en una vida eterna podría impedir una verdadera comprensión del ser.

Desde una perspectiva existencialista, la búsqueda de la eternidad puede interpretarse como una negación de la finitud de la vida humana y una evasión de la responsabilidad que tenemos hacia el presente. Sartre, en su obra *El Ser y la Nada*, rechaza la noción de una vida después de la muerte, argumentando que la existencia humana es finita y que la conciencia del "yo" desaparece al morir, sin posibilidad de trascendencia personal.

En contraste, algunos filósofos y psicólogos contemporáneos, como Carl Jung y Viktor Frankl, han defendido que la creencia en la vida eterna puede dar sentido a la vida y proporcionar un marco ético y existencial valioso. Frankl, fundador de la logoterapia, sostiene que el sentido de trascendencia es fundamental para soportar el sufrimiento y encontrar propósito en la vida. Para Frankl, la vida eterna no es necesariamente un hecho objetivo, sino una necesidad psicológica que permite al ser humano encontrar paz y sentido en su existencia.

La eterna pregunta sobre la existencia del alma y su destino después de la muerte sigue sin respuesta definitiva, pero continúa siendo una fuente de inspiración y reflejo.

Capítulo 7: Testimonios y Relatos de Consciencia Posterior a la Muerte

7.1 Relatos personales de ECM y percepciones en el momento de la muerte

Los relatos personales de experiencias cercanas a la muerte (ECM) ofrecen algunas de las descripciones más vívidas y detalladas sobre lo que podría existir más allá de la vida física. Estos testimonios suelen incluir sensaciones y visiones sorprendentes que desafían las explicaciones científicas convencionales. A menudo, quienes han pasado por una ECM describen una sensación de paz y serenidad absoluta, una percepción de abandonar su cuerpo físico y, en algunos casos, visiones de una "luz al final de un túnel". Este tipo de relatos ha sido recopilado y estudiado en profundidad desde la década de 1970, cuando el Dr. Raymond Moody documentó cientos de casos en su libro *Vida Después de la Vida* .

Los estudios sugieren que estos relatos pueden tener patrones comunes, pero las interpretaciones varían. Mientras que algunos consideran las ECM como fenómenos fisiológicos causados por la falta de oxígeno en el cerebro, otros las ven como experiencias genuinas de conciencia más allá de la muerte, una evidencia de que el "yo" podría sobrevivir al cuerpo físico. Esta ambigüedad ha generado interés en la comunidad científica y en el público, quienes ven en estos testimonios una posible prueba de una realidad trascendental.

7.2 El caso de los "médiums" y otros canales: ¿Conexión genuina o sugestión psicológica?

Los médiums, personas que afirman poder comunicarse con los muertos, han sido objeto de fascinación y escepticismo en igual medida.

Desde el punto de vista psicológico, algunos investigadores sugieren que la conexión que muchos sienten al recibir mensajes de un medio podría ser resultado de la sugerencia psicológica. Las personas en duelo buscan consuelo y, en ocasiones, los médiums pueden responder a esta necesidad mediante mensajes que reflejan las emociones y deseos de los vivos. No obstante, el fenómeno de la mediumnidad sigue siendo un enigma.

7.3 Análisis de experiencias de reencarnación y memoria de vidas pasadas

Las experiencias de reencarnación y las supuestas memorias de vidas pasadas son otro fenómeno que ha sido objeto de estudio e investigación.

Un ejemplo típico es el de un niño que recuerda detalles de una vida en otra ciudad o país, menciona nombres de familiares o amigos y describe situaciones que fueron verificadas posteriormente.

La teoría de la reencarnación plantea que la conciencia, o una parte esencial del "yo", podría estar separada del cuerpo físico.

7.4 Evidencia anecdótica y su valor en la comprensión del enigma de la vida eterna

En el ámbito académico, se reconoce que la evidencia anecdótica puede ser el punto de partida para desarrollar nuevas teorías o preguntas de investigación. Los relatos de personas que han vivido ECM, han contactado a médiums o han experimentado memorias de vidas pasadas pueden ayudar a guiar estudios más formales, que intenten replicar ciertos elementos o patrones observados en estos testimonios. Aunque no alcanzan el nivel de pruebas empíricas que la ciencia exige, estos testimonios aportan una comprensión valiosa de cómo perciben los seres humanos.

Los estudios de casos y los testimonios de quienes aseguran haber tenido contacto con un "más allá" o haber experimentado vidas pasadas pueden ser interpretados de distintas formas, dependiendo de la postura filosófica o religiosa de quien los analiza. Para algunos, estos testimonios son pruebas de la inmortalidad del alma y de la existencia de una realidad trascendente.

Capítulo 8: Mente y Energía: La Consciencia como Forma Energética

8.1 Teorías sobre la energía vital y su posible continuidad

La noción de "energía vital" ha existido en diversas culturas y tradiciones filosóficas durante siglos. En la medicina tradicional china, el *chi* se entiende como la energía vital que fluye a través del cuerpo y mantiene el equilibrio de salud. En la India, el *prana* representa un concepto similar, visto como la fuerza de vida que sustenta tanto el cuerpo físico como el espiritual. Estas ideas han llevado a pensar en la posibilidad de que la conciencia misma esté compuesta de una energía que podría continuar existiendo después de la muerte del cuerpo físico.

En el siglo XX, el psicoanalista Carl Jung y el médico Wilhelm Reich consideraron la posibilidad de una energía vital subyacente que influiría en el bienestar mental y emocional. Reich, en particular, desarrolló la teoría del "orgón", una forma de energía vital que, según él, está presente en todos los seres vivos y en la atmósfera. Aunque estas teorías fueron rechazadas por la ciencia convencional, han seguido inspirando investigaciones y especulaciones sobre la naturaleza energética de la conciencia.

La posible continuidad de la energía vital se fundamenta en la idea de que, como principio universal, esta energía no desaparece, sino que se transforma, de acuerdo con la ley de la conservación de la energía en física. Desde esta perspectiva, la energía de la conciencia, al igual que la energía física, podría reestructurarse en una forma diferente después de la muerte, lo cual abre la posibilidad de una "vida" de la conciencia en un plano energético.

8.2 La idea del campo energético humano: ¿base de la vida eterna?

La idea de que los seres humanos poseen un "campo energético" ha ganado popularidad tanto en la ciencia como en prácticas esotéricas y holísticas. Este campo, conocido como *aura* en muchas tradiciones espirituales, es descrito como una especie de halo energético que rodea el cuerpo y refleja el estado físico, emocional y mental de la persona. Algunos investigadores creen que este campo energético podría ser la base de la vida eterna, actuando como un vínculo entre la conciencia y una posible realidad post-mortem.

En investigaciones recientes, científicos y terapeutas han explorado si este campo energético humano podría estar relacionado con la mente y la memoria. Según esta teoría, la conciencia no estaría confinada al cerebro físico, sino que estaría distribuida a través de un campo electromagnético que abarca el cuerpo y, potencialmente, se extiende más allá de él. Este enfoque ha dado lugar a la teoría del "campo unificado de conciencia", que postula que todas las mentes están interconectadas a través de un campo de energía universal, sugiriendo que la conciencia podría continuar existiendo en este campo incluso después de la muerte.

La teoría del campo energético humano plantea una visión en la que la conciencia y el cuerpo físico están entrelazados a través de un campo sutil que podría sobrevivir a la muerte física. Aunque esta idea aún no cuenta con respaldo científico concluyente, ha servido de base para investigaciones en el ámbito de la parapsicología y ha inspirado enfoques terapéuticos en los que la sanación energética se utiliza para equilibrar este campo, con la creencia de que una energía saludable contribuye a una conciencia más clara y equilibrada.

8.3 Estudios de campos electromagnéticos y su relación con la memoria y el "alma"

La relación entre campos electromagnéticos y la conciencia ha sido objeto de estudio en varias disciplinas científicas, incluyendo la neurociencia y la física. Algunos investigadores han planteado la hipótesis de que la conciencia y la memoria podrían estar asociadas a campos electromagnéticos que se generan a partir de la actividad cerebral. En un estudio conducido por el neurocientífico Michael Persinger, se exploró la posibilidad de inducir experiencias místicas y espirituales mediante la estimulación de campos electromagnéticos en el lóbulo temporal del cerebro, lo que llevó a algunos participantes a experimentar sensaciones que describieron como "presencias" o percepciones. de trascendencia.

Aunque estos estudios se han centrado principalmente en la actividad del cerebro físico, algunos investigadores teorizan que los campos electromagnéticos generados por el cerebro podrían representar un tipo de "alma energética" que almacena recuerdos y emociones. Desde esta perspectiva, la memoria y el sentido de identidad no estarían limitados al cerebro físico, sino que podrían estar almacenados en un campo electromagnético que, en teoría, podría persistir después de la muerte del cuerpo.

Esta hipótesis plantea que, al igual que los datos almacenados en ondas electromagnéticas, la conciencia podría estar compuesta por patrones de energía que, bajo ciertas condiciones, podrían reactivarse o continuar existiendo en una forma no material. Sin embargo, esta teoría aún es especulativa, y muchos científicos argumentan que no hay evidencia concluyente de que la memoria o la conciencia puedan persistir sin la estructura física del cerebro. No obstante, estas ideas siguen inspirando investigaciones y debates en torno a la posibilidad de una "conciencia energética".

8.4 Posibilidades científicas y esotéricas de la mente como energía indestructible

La posibilidad de que la mente sea una forma de energía indestructible ha sido defendida tanto por teorías científicas como esotéricas. La física cuántica, por ejemplo, sugiere que la energía no se destruye, sino que cambia de forma. Esta idea ha llevado a algunos científicos a especular sobre si la conciencia, como forma de energía, podría ser indestructible y, en lugar de desaparecer, simplemente transformarse después de la muerte física.

Uno de los enfoques esotéricos más influyentes en este ámbito es la creencia en el "cuerpo de luz" o "cuerpo energético", presente en prácticas espirituales como el budismo tibetano y el esoterismo occidental. Según estas tradiciones, los seres humanos poseen un cuerpo sutil hecho de energía pura que puede trascender la muerte física y continuar su existencia en planos superiores. En algunas prácticas de meditación avanzada, como el "phowa" del budismo tibetano, se enseña que la conciencia puede transferirse conscientemente al cuerpo de luz en el momento de la muerte, una práctica que busca alcanzar una forma de inmortalidad energética.

Desde la ciencia, el campo de la biofísica ha explorado la posibilidad de que los organismos vivos emitan y respondan a campos electromagnéticos, lo cual podría sustentar la teoría de una forma de conciencia que opere en este nivel energético. Aunque la idea de que la mente sea una energía indestructible aún carece de respaldo empírico sólido, esta posibilidad plantea una perspectiva alternativa sobre la naturaleza de la conciencia y su relación con la energía, sugiriendo que, de alguna manera, el "yo" podría persistir. en un estado energético tras el cese de las funciones corporales.

Capítulo 9: ¿Es posible la vida eterna? Perspectivas Futuristas y Transhumanistas

9.1 La inmortalidad digital: ¿Es posible preservar la mente en la tecnología?

La idea de preservar la mente humana en tecnología digital, conocida como "inmortalidad digital", ha sido objeto de fascinación en la ciencia y la cultura popular. Este concepto plantea la posibilidad de "subir" la mente humana a una plataforma digital, donde los recuerdos, pensamientos y aspectos de la personalidad podrían ser almacenados y potencialmente replicados en un entorno virtual. El proceso, conocido como *mind uploading* o transferencia de la mente, sería una forma de conservar la conciencia fuera del cuerpo biológico y de permitir que las personas continúen existiendo en un medio digital.

Algunos expertos en tecnología, como el futurista Ray Kurzweil, sostienen que esta inmortalidad digital podría ser posible en las próximas décadas. En su obra *La Singularidad está Cerca*, Kurzweil argumenta que el avance de la inteligencia artificial y el poder de procesamiento de los ordenadores permitirán eventualmente la simulación y el almacenamiento de la mente humana. Este proceso se basa en la premisa de que la conciencia y el "yo" pueden ser descompuestos en información digital y recreados en una computadora, donde las personas podrían "vivir" en un mundo virtual y continuar interactuando con los vivos.

Sin embargo, la inmortalidad digital enfrenta grandes desafíos, tanto tecnológicos como filosóficos. Un problema clave es la dificultad de replicar las complejas redes neuronales y conexiones sinápticas que conforman la conciencia humana en una plataforma digital. Además, algunos filósofos cuestionan si una copia digital de la mente humana sería realmente la misma persona, o si simplemente se trataría de una réplica sin la verdadera esencia de la conciencia. Este dilema plantea la pregunta de si la inmortalidad digital preservaría realmente el "yo" consciente o simplemente crearía una simulación que parece y actúa como la persona original.

9.2 El papel de la inteligencia artificial en la preservación de la conciencia humana

La inteligencia artificial (IA) ha abierto nuevas posibilidades para la preservación de la conciencia humana, gracias a su capacidad de procesar grandes cantidades de información y aprender de patrones complejos. A través de tecnologías avanzadas, como los algoritmos de aprendizaje profundo, algunos investigadores y tecnólogos han comenzado a explorar si la IA podría desempeñar un papel en la emulación de la mente humana y en la creación de una forma de "conciencia artificial".

Uno de los enfoques más prometedores en este sentido es el uso de la IA para crear avatares digitales de personas fallecidas, un proceso que se basa en el análisis de datos masivos, incluyendo mensajes, videos, fotografías y otros registros de su vida. Al analizar esta información, la IA puede crear una versión digital de la persona, capaz de responder de manera coherente y adaptada al estilo de la persona original. Aunque estos avatares no son conscientes en el sentido humano, permiten a los familiares interactuar con una "versión" de la persona fallecida y explorar nuevas formas de mantener una conexión con sus recuerdos y personalidad.

No obstante, la posibilidad de que la IA realmente logre preservar la conciencia humana sigue siendo un tema de debate. La mayoría de los científicos coinciden en que, por el momento, los sistemas de IA avanzados, aunque capaces de simular la personalidad y el comportamiento de una persona, no poseen la autoconciencia ni la profundidad de la experiencia humana. La conciencia sigue siendo un enigma, y no se ha logrado replicar en un sistema de IA. Sin embargo, algunos futuristas creen que en el futuro la IA podría evolucionar hasta un punto en el que logre emular aspectos esenciales de la conciencia humana, lo que abriría la posibilidad de una "vida eterna" artificial.

9.3 Transhumanismo y biotecnología: ¿un puente hacia la vida eterna?

El transhumanismo es un movimiento filosófico y científico que aboga por el uso de tecnologías avanzadas para mejorar las capacidades físicas y mentales del ser humano, con el fin de superar las limitaciones naturales, incluida la mortalidad. En la visión transhumanista, la biotecnología, la ingeniería genética y la cibernética podrían ofrecer una solución al problema de la muerte al permitir que el cuerpo y la mente se conserven indefinidamente.

Una de las áreas más prometedoras en este sentido es la biotecnología, que trabaja en el desarrollo de tratamientos de rejuvenecimiento celular y en la reparación de tejidos para retrasar el envejecimiento. Científicos como el gerontólogo Aubrey de Gray han propuesto que la biotecnología podría permitir la regeneración continua de las células, reparando los daños que acumula el cuerpo con el tiempo y alargando significativamente la vida. A través de la edición genética, tecnologías de reemplazo celular y la implantación de órganos bioimpresos, los transhumanistas creen que el ser humano podría alcanzar una longevidad casi ilimitada.

Otra vía para la vida eterna es la integración de elementos cibernéticos en el cuerpo humano, lo que se conoce como "humanos incrementados" o *cyborgs*. Al combinar dispositivos cibernéticos con órganos biológicos, los transhumanistas imaginan un futuro en el que los órganos vitales y las capacidades cognitivas puedan ser reemplazados y mejorados indefinidamente. Este enfoque plantea la posibilidad de que, mediante un proceso de mejoras continuas, el ser humano pueda trascender la muerte física.

Sin embargo, esta perspectiva plantea dudas sobre el concepto de identidad personal. Si el cuerpo y el cerebro son reemplazados progresivamente por partes artificiales, ¿seguiría siendo la misma persona? Este dilema, conocido como la "paradoja del barco de Teseo", cuestiona si, al reemplazar cada parte de un individuo, la identidad original realmente se mantiene o si se transforma en algo distinto.

9.4 Implicaciones éticas y filosóficas de una "vida sin fin"

La posibilidad de una vida eterna, ya sea a través de la inmortalidad digital, la IA o la biotecnología, plantea profundas implicaciones éticas y filosóficas. La vida eterna podría transformar radicalmente la naturaleza de la experiencia humana, alterando el sentido de finitud y propósito que habitualmente han dado forma a la vida y la cultura humanas.

Desde un punto de vista ético, una de las mayores preocupaciones es la desigualdad en el acceso a estas tecnologías. La inmortalidad digital o los tratamientos de longevidad podrían estar disponibles únicamente para quienes puedan costearlos, generando una nueva brecha social y creando una élite de "inmortales" frente a una mayoría que continúa enfrentándose a la mortalidad. Esta disparidad podría las tensiones sociales y llevar a una división aún más marcada entre los ricos y los pobres, generando una sociedad en la que la muerte se convierte en una realidad solo para algunos.

Desde un punto de vista filosófico, la vida eterna también plantea preguntas sobre el sentido y el valor de la existencia. Para filósofos como Martin Heidegger y Jean-Paul Sartre, la conciencia de la muerte es lo que da significado y urgencia a la vida, motivando a los seres humanos a vivir de manera auténtica. Una vida sin fin, por otro lado, podría llevar a una pérdida de propósito ya una monotonía existencial, ya que la eternidad carece de la tensión entre vida y muerte que define la condición humana. La posibilidad de una existencia sin fin también plantea la pregunta de si la "vida eterna" sería verdaderamente deseable o si, con el tiempo, los seres humanos podrían experimentar una forma de agotamiento existencial.

Capítulo 10: Reflexiones Finales: El Enigma de la Muerte y la Eternidad

10.1 Conclusiones sobre la conciencia, el SM y la posibilidad de vida eterna

A lo largo de este libro, hemos explorado múltiples perspectivas sobre la muerte y la posibilidad de una vida eterna, analizando el papel de la conciencia y la influencia de los Sistemas Morales (SM) en la percepción del más allá. La conciencia ha surgido como un fenómeno complejo y multifacético que, a pesar de los avances en neurociencia y tecnología, sigue siendo un misterio. Las teorías sobre la "conciencia no local" y la posible continuidad de una mente independiente del cuerpo han planteado preguntas importantes sobre la relación entre el cerebro y el "yo" consciente.

El SM sugiere que los sistemas de valores y creencias juegan un papel fundamental en la percepción de la muerte y en cómo los seres humanos se relacionan con la idea de una posible vida eterna. Para algunas personas, vivir en coherencia con sus valores y creencias les ofrece una sensación de trascendencia, ya que sus actos y principios continúan teniendo impacto y significado más allá de su vida física. Aunque la ciencia no ha confirmado la existencia de una vida posterior, las experiencias personales y culturales del "yo" inmortal reflejan una constante búsqueda de continuidad en un mundo donde la mortalidad parece ser la única certeza.

10.2 ¿Es la búsqueda de la vida eterna una necesidad o un deseo humano universal?

La búsqueda de la vida eterna parece estar profundamente arraigada en la historia de la humanidad. Desde las primeras civilizaciones hasta las teorías más recientes de la física cuántica y la tecnología, la aspiración de trascender la muerte ha sido un tema recurrente en prácticamente todas las culturas y religiones. Pero, ¿es la búsqueda de la vida eterna una necesidad, o responde más a un deseo universal de evitar el vacío existencial que la muerte implica?

Para algunos pensadores, el anhelo de vida eterna surge de la necesidad de darle sentido a una existencia que, de otro modo, parecería efímera y vulnerable ante el paso del tiempo. Este deseo de continuidad puede interpretarse como una defensa frente a la angustia existencial. En palabras del filósofo Ernest Becker, autor de *La Negación de la Muerte*, la búsqueda de la inmortalidad es un mecanismo de supervivencia psicológica que permite a los seres humanos encontrar un propósito más allá de la mera supervivencia biológica.

Sin embargo, otros consideran que la vida eterna no es necesariamente una necesidad universal, sino una aspiración personal que depende de la estructura de valores de cada individuo. Para algunas personas, aceptar la muerte como parte natural de la existencia les permite vivir con mayor autenticidad y plenitud en el momento presente. Así, la búsqueda de la inmortalidad puede no ser una necesidad absoluta, sino una opción individual influenciada por la cultura, la religión y las experiencias personales de cada uno.

10.3 El valor de la incertidumbre: vivir con el misterio de la muerte

La muerte, como enigma insondable, plantea un misterio que ha fascinado y desafiado a la humanidad durante milenios. Aunque el ser humano ha buscado respuestas sobre lo que ocurre después de la muerte, la incertidumbre persiste. Sin embargo, vivir con el misterio de la muerte puede ser también una fuente de profundidad y significado. La filósofa Simone de Beauvoir, en su obra *La vejez*, plantea que la conciencia de la muerte nos obliga a confrontar los límites de la existencia, impulsándonos a buscar un sentido propio en la vida.

Esta incertidumbre puede tener un valor especial en la vida humana, ya que motiva a las personas a vivir de manera auténtica ya tomar decisiones con conciencia del tiempo limitado. Al aceptar la finitud de la vida, se nos recuerda la importancia de los momentos presentes, de nuestras relaciones y de nuestro propio desarrollo. En lugar de ser vista como una limitación, la mortalidad puede convertirse en una invitación a aprovechar cada instante y construir un legado que trascienda el tiempo.

Vivir con el misterio de la muerte implica aprender a convivir con la incertidumbre y aceptar que algunas preguntas pueden no tener respuesta definitiva. Esta aceptación, lejos de ser resignación, permite una forma de libertad que, al desprenderse del miedo, invita a los individuos a valorar la vida en toda su complejidad y vulnerabilidad.

10.4 Reflexiones finales: trascendencia, memoria y legado en la búsqueda de la inmortalidad

En última instancia, la búsqueda de la inmortalidad puede entenderse no solo como un deseo de prolongar la vida, sino como una necesidad de trascendencia. Para muchos, la inmortalidad no se define únicamente por la duración de la existencia física, sino por la capacidad de dejar una huella significativa en la vida de otros y en el mundo. La trascendencia, en este sentido, no depende de una supervivencia literal después de la muerte, sino de la construcción de un legado que permanecerá a través del tiempo.

El filósofo Viktor Frankl, en su obra *El hombre en busca de sentido*, sugiere que el sentido de la vida se encuentra en la capacidad de trascender el propio sufrimiento y contribuir a algo más grande que uno mismo. Para Frankl, la trascendencia no requiere de una vida eterna en términos literales; en cambio, consiste en vivir de manera que nuestros valores y acciones se proyectan en las vidas de quienes nos rodean. En esta perspectiva, la inmortalidad es una cuestión de impacto y significado más que de continuidad.

Al finalizar este recorrido por la muerte, la conciencia y la posibilidad de vida eterna, queda claro que el deseo de inmortalidad puede adoptar diversas formas. Puede ser un deseo de eternidad en un plano literal o una búsqueda de propósito en el aquí y ahora. La muerte, lejos de ser solo el fin, representa también un recordatorio de que cada vida es única y de que nuestras elecciones y relaciones son parte del legado que dejamos. La memoria y el impacto de nuestros actos se convierten, en última instancia, en nuestra forma de inmortalidad.

EPÍLOGO

Concluir esta exploración sobre la muerte, la conciencia y la posible existencia de una vida eterna me ha llevado, como autor, a un espacio profundo de reflexión y humildad ante los misterios que nos rodean. A lo largo de este proceso, intentó presentar ideas y teorías provenientes de diversas disciplinas, respetando el espíritu de cada enfoque, desde la ciencia hasta la filosofía, y desde la religión hasta la tecnología. Reconocer la amplitud de perspectivas y la complejidad de este tema me ha permitido comprender que no existen respuestas absolutas ni caminos únicos. Cada punto de vista refleja una parte de la búsqueda humana para entender el enigma de la existencia y la naturaleza del "yo" que percibimos y llamamos propio.

En el transcurso de la investigación, me he encontrado con historias de personas que, a través de experiencias cercanas a la muerte o relatos de vidas pasadas, relatan destellos de un más allá en el que quizás haya lugar para la continuidad de la conciencia. A la par, la ciencia, con sus avances, sigue buscando respuestas en los dominios de la neurología, la física y la inteligencia artificial, tratando de comprender si realmente existe algo que trascienda al cuerpo físico. Este viaje entre relaciones personales, estudios científicos y teorías filosóficas ha reafirmado en mí la convicción de que el misterio de la vida y la muerte es, y tal vez siempre será, una fuente inagotable de asombro y aprendizaje.

Invitación a continuar explorando el misterio de la vida y la muerte

Al cerrar estas páginas, invita a los lectores a no dar por concluidas sus propias búsquedas ni sus reflexiones. Cada vida es una oportunidad única para explorar preguntas esenciales y para construir nuestras respuestas, o al menos nuestras aproximaciones, a estas preguntas eternas. La muerte, como una sombra inseparable de la vida, nos recuerda constantemente el valor del presente y la importancia de aquello que decidimos dejar como huella, sea en forma de actos, palabras o recuerdos que transmitimos a quienes nos rodean.

Este libro no pretende ofrecer respuestas definitivas, sino estimular la curiosidad y el pensamiento crítico sobre temas que han inquietado a la humanidad desde el inicio de los tiempos. Que este recorrido sea, para cada lector, un punto de partida para continuar buscando, explorando y, quizás, redefiniendo su propia visión de la vida, la muerte y aquello que, entre ambos, nos hace esencialmente humanos.

Apéndice A: Glosario de términos científicos, filosóficos y espirituales

- **Conciencia no local:** Teoría que sostiene que la conciencia no está limitada al cerebro físico, sino que puede existir de forma independiente o más allá de él. Según esta perspectiva, la conciencia podría estar distribuida en un campo mayor o interconectado y, por tanto, ser capaz de percibir o influir fuera de los límites del cuerpo físico.

- **Campo bioenergético:** Concepto que se refiere a un campo de energía que rodea y penetra el cuerpo humano. Este campo se cree que refleja el estado físico, emocional y mental de una persona y es combinado mencionado en prácticas espirituales y terapias energéticas. A menudo se le relaciona con términos como *aura* o *campo de energía humana* .

- **Transhumanismo:** Movimiento filosófico y científico que promueve el uso de la tecnología para mejorar las capacidades físicas y mentales humanas, con el objetivo de superar las limitaciones biológicas, incluida la mortalidad. El transhumanismo abarca avances en biotecnología, inteligencia artificial, cibernética y genética, y defiende la idea de que los seres humanos pueden alcanzar una longevidad indefinida o "vida eterna" a través de la tecnología.

- **ECM (Experiencias Cercanas a la Muerte):** Fenómeno que ocurre cuando una persona está clínicamente muerta o cercana a la muerte y experimenta visiones o sensaciones extraordinarias, cuentos como la separación del cuerpo, un sentimiento de paz profunda, o encuentros con seres espirituales. Las ECM han sido objeto de estudio tanto en la ciencia como en la parapsicología, y se consideran una posible evidencia de la vida después de la muerte.

- **Reencarnación:** Creencia en que la conciencia o el alma de una persona renace en otro cuerpo después de la muerte. Esta idea está presente en religiones como el hinduismo y el budismo, y en algunos estudios modernos que documentan recuerdos de vidas pasadas, especialmente en niños. La reencarnación plantea que la conciencia es continua y puede experimentar múltiples existencias físicas.

- **Mind Uploading (Transferencia de la mente):** Concepto de ciencia ficción y teoría transhumanista que propone la posibilidad de transferir la conciencia humana a un medio digital. Estoía permitir que la personalidad, los recuerdos y el "yo" de una persona continúen existiendo en una plataforma virtual, brindando una forma de inmortalidad digital.

- **Resonancia magnética funcional (fMRI):** Técnica de imágenes cerebrales que mide la actividad del cerebro al detectar cambios en el flujo sanguíneo. La fMRI se ha utilizado para estudiar el cerebro en el momento de la muerte y en estados de ECM, y permite observar patrones de actividad cerebral que podrían estar relacionados con la conciencia.

- **Mediumnidad:** Práctica en la que una persona, conocida como médium, afirma ser capaz de comunicarse con los espíritus de personas fallecidas. La mediumnidad ha sido estudiada en el ámbito de la parapsicología para explorar si estos fenómenos podrían brindar evidencia de una vida después de la muerte o, alternativamente, ser una manifestación de sugestión psicológica.

- **Dualismo:** Doctrina filosófica que sostiene que la mente (o alma) y el cuerpo son dos sustancias separadas e independientes. Según el dualismo, el "yo" o conciencia no depende completamente del cuerpo físico y, en consecuencia, podría existir más allá de la muerte corporal.

- **Monismo:** Corriente filosófica opuesta al dualismo, que sostiene que la mente y el cuerpo son una sola realidad. En el monismo materialista, la mente se concibe como una propiedad emergente del cerebro y, por tanto, dependiente de él. En esta visión, la conciencia no podría existir sin el cuerpo físico.

- **Conciencia cuántica:** Teoría que sugiere que la conciencia humana tiene una naturaleza cuántica y que los procesos subatómicos, como los que ocurren en los microtúbulos de las neuronas, son fundamentales para el surgimiento de la conciencia. Esta hipótesis implica que la conciencia podría operar en niveles no locales y potencialmente continuar existiendo después de la muerte.

- **Cuerpo de luz:** Concepto espiritual presente en religiones como el budismo tibetano y en el esoterismo occidental, que describe un cuerpo energético sutil que trasciende el cuerpo físico y es capaz de continuar existiendo después de la muerte. Este cuerpo de luz es considerado el vehículo de la conciencia en un plano superior o eterno.

- **Inmortalidad digital:** Proceso teórico de conservar la mente humana mediante tecnología digital, como la inteligencia artificial o la realidad virtual. La inmortalidad digital aspira a replicar la personalidad y recuerdos de una persona en una plataforma digital para permitir que la "presencia" de la persona continúe interactuando tras la muerte.

- **Inteligencia artificial (IA):** Tecnología que permite a las máquinas simular procesos de pensamiento humano, incluyendo el aprendizaje y la resolución de problemas. En el contexto de este libro, la IA es explorada como una posible herramienta para preservar la personalidad y los recuerdos de una persona, creando avatares o simulaciones que permitan prolongar la conciencia.

- **Experiencias extracorpóreas (PEC):** Experiencias en las que una persona siente que abandona su cuerpo físico y observa su entorno desde una perspectiva externa. Las PEC suelen ser reportadas en estados de ECM, pero también pueden ocurrir durante la meditación profunda o en situaciones de crisis extremas. Estas experiencias sugieren la posibilidad de una conciencia independiente del cuerpo.

- **Cronología de vidas pasadas:** Término utilizado para referirse a recuerdos detallados y específicos que algunas personas, especialmente niños, afirman tener de vidas anteriores. En algunos casos, estos recuerdos han sido corroborados con datos históricos o testimonios de familiares, lo que ha llevado a algunos investigadores a considerar la reencarnación como una posible realidad.

- **Phowa:** Técnica de meditación budista tibetana utilizada para transferir la conciencia al momento de la muerte. La práctica del *phowa* se basa en la creencia de que, al morir, la conciencia puede ser guiada hacia un estado superior o de iluminación, permitiendo que el practicante trascienda el ciclo de reencarnaciones.

- **Singularidad tecnológica:** Punto teórico en el que el progreso tecnológico, especialmente en inteligencia artificial y biotecnología, avanzará a un ritmo tan acelerado que alterará radicalmente la condición humana. La singularidad plantea la posibilidad de que la IA y otras tecnologías permitan a los humanos alcanzar la inmortalidad y transformar la conciencia en formas aún desconocidas.

Apéndice B: Bibliografía de lecturas recomendadas y referencias científicas

Libros y monografías

Becker, E. *La negación de la muerte* . Free Press, Nueva York, 1973.

Frankl, VE *El hombre en busca de sentido* . Beacon Press, Boston, 1959.

Greyson, B., y Stevenson, I. *Manual de experiencias cercanas a la muerte: Treinta años de investigación* . Praeger, Santa Bárbara, 1980.

Jung, CG *El hombre y sus símbolos* . Anchor Press, Nueva York, 1964.

Kurzweil, R. *La singularidad está cerca: cuando los humanos trasciendan la biología* . Viking, Nueva York, 2005.

Moody, R. *Vida después de la vida* . Bantam Books, Nueva York, 1975.

Parnia, S. *Borrando la muerte: la ciencia que está reescribiendo los límites entre la vida y la muerte* . HarperOne, Nueva York, 2013.

Penrose, R., y Hameroff, S. *La conciencia en el universo: neurociencia, espacio-tiempo cuántico y teoría de la Orquesta Sinfónica* . Springer, Nueva York, 1996.

Stevenson, I. *Niños que recuerdan vidas anteriores: una cuestión de reencarnación* . University of Virginia Press, Charlottesville, 1997.

Artículos científicos y estudios de caso

Beauregard, M., y O'Leary, D. "El cerebro espiritual: el argumento de un neurocientífico a favor de la existencia del alma". *HarperOne*, Nueva York, 2007.

Greyson, B. "Incidencia y correlatos de las experiencias cercanas a la muerte en una unidad de cuidados cardíacos". *General Hospital Psychiatry*, vol. 25, núm. 4, 2003, pp. 269-276.

Persinger, MA "La neuropsiquiatría de las experiencias paranormales". *The Journal of Neuropsychiatry and Clinical Neurosciences*, vol. 13, núm. 4, 2001, pp. 515-524.

Parnia, S., Spearpoint, K., y Fenwick, P. "AWARE— AWAreness during REsuscitation—A Prospective Study". *Resuscitation*, vol. 85, núm. 12, 2007, pp.

Penrose, R. "Sombras de la mente: Una búsqueda de la ciencia perdida de la conciencia". *Journal of Consciousness Studies*, vol. 1, núm. 2, 1994, pp. 143-167.

Textos filosóficos y ensayos clásicos

Descartes, R. *Meditaciones sobre la Filosofía Primera*. Edición original, París, 1641.

Heidegger, M. *Ser y tiempo*. Niemeyer, Berlín, 1927.

Sartre, J.-P. *Ser y Nada*. Gallimard, París, 1943.

Obras contemporáneas de divulgación y reflexión

Alexander, E. *La prueba del cielo: el viaje de un neurocirujano hacia el más allá* . Simon & Schuster, Nueva York, 2012.

Kastrup, B. *Por qué el materialismo es una tontería: cómo los verdaderos escépticos saben que no existe la muerte y encuentran respuestas a la vida, el universo y todo lo demás* . Iff Books, Winchester, 2014.

van Lommel, P. *La conciencia más allá de la vida: la ciencia de la experiencia cercana a la muerte* . HarperOne, Nueva York, 2010.

Apéndice C: Cronología de los estudios e investigaciones sobre la vida después de la muerte

A continuación, se presenta una cronología que detalla los hitos más relevantes en la investigación de la vida después de la muerte, a incluir desde los primeros estudios sobre experiencias cercanas a la muerte y reencarnación hasta las investigaciones más recientes en neurociencia y física cuántica.

1897

- *Fundación de la Society for Psychical Research (SPR)* en el Reino Unido. Esta fue organización pionera en el estudio de fenómenos paranormales y experiencias relacionadas con la muerte, como las experiencias extracorpóreas y la mediumnidad.

1907

- El Dr. Duncan MacDougall intenta medir el "peso del alma" en humanos al momento de la muerte, documentando una pérdida de peso de aproximadamente 21 gramos en varios pacientes. Este experimento es uno de los primeros intentos de medir científicamente aspectos relacionados con la existencia del alma.

1943

- El psicólogo alemán Albert von Schrenck-Notzing publica sus estudios sobre la mediumnidad y los fenómenos paranormales, estableciendo una base de trabajo para futuros investigadores en experiencias extracorporales y comunicación con los muertos.

1964

- Carl Jung publica *Man and His Symbols*, explorando los símbolos universales y la conexión entre el inconsciente colectivo y experiencias místicas. La obra plantea reflexiones sobre la relación éntre la psique y experiencias cercanas a la muerte.

1975

- Raymond Moody publica *Life After Life*, la primera obra en documental experiencias cercanas a la muerte (ECM) de manera sistemática. Moody identifica patrones comunes en los testimonios de quienes han experimentado ECM, como la visión de una luz y la separación del cuerpo físico, y establece el término ECM como objeto de estudio.

1980

- El Dr. Bruce Greyson y el Dr. Ian Stevenson comienzan investigaciones sistemáticas sobre ECM y reencarnación en la Universidad de Virginia, analizando casos de niños que recuerdan vidas pasadas y publicando estudios sobre los patrones comunes en ECM.

1994

- Roger Penrose y Stuart Hameroff presentan la teoría de la "reducción objetiva orquestada" (Orch OR), sugiriendo que la conciencia podría tener una base cuántica, lo que permitiría su continuidad más allá del cerebro físico.

2001

- Michael Persinger publica estudios sobre la relación entre los campos electromagnéticos y experiencias místicas. Sus experimentos muestran cómo la estimulación del lóbulo temporal puede inducir sensaciones de "presencia" o visiones, planteando la posibilidad de que algunos aspectos de la conciencia puedan generarse de forma no local.

2003

- El Dr. Bruce Greyson desarrolla la "Greyson NDE Scale" para medir la intensidad y las características de las ECM, ofreciendo un marco cuantitativo que permite estandarizar las investigaciones sobre estas experiencias.

2007

- El Dr. Sam Parnia dirige el estudio *AWAreness while REsuscitation* (AWARE), un experimento pionero para investigar la percepción consciente durante la resucitación cardiopulmonar en pacientes con paro cardíaco. Los resultados sugieren que algunos pacientes tienen percepciones de su entorno incluso cuando están clínicamente muertos.

2010

- El cardiólogo Pim van Lommel publica *Consciousness Beyond Life*, donde analiza ECM desde una perspectiva científica y médica, proponiendo que la conciencia podría ser independiente del cerebro.

2012

- El neurocirujano Eben Alexander publica *Proof of Heaven*, en el que relata su propia ECM y sugiere que la conciencia existe más allá de la muerte física. El libro genera un debate considerable en la comunidad científica y en la opinión pública.

2014

- El Dr. Jim Tucker, sucesor del Dr. Stevenson en la Universidad de Virginia, continúa investigando casos de niños que recuerdan vidas pasadas, documentando evidencias y patrones en Múltiples culturas, y profundizando en la idea de reencarnación como un posible fenómeno real.

2017

- El Instituto Monroe lleva a cabo estudios sobre experiencias fuera del cuerpo y conciencia expandida, aplicando técnicas de meditación y audio, y explorando si la conciencia puede separarse del cuerpo físico de manera controlada.

2019

- Se publican investigaciones sobre los patrones de ondas cerebrales en pacientes en estado crítico, indicando que algunos patrones de actividad cerebral final pueden estar relacionados con las ECM. Los estudios sugieren que estos patrones podrían representar una respuesta cerebral a la muerte inminente y la posibilidad de un "estado de transición" de la conciencia.

2021

- Investigadores del *Max Planck Institute for Human Cognitive and Brain Sciences* publican estudios en neurociencia avanzada, sugiriendo que la conciencia podría no depender únicamente del cerebro, sino de un campo energético más amplio, lo cual plantea una visión no materialista de la conciencia.

2023

- El Dr. Bruce Greyson y el equipo de la Universidad de Virginia publican un compendio exhaustivo de estudios sobre experiencias cercanas a la muerte (ECM) y reencarnación, consolidando más de cuatro décadas de investigación. Este compendio establece nuevos estándares metodológicos y éticos para el estudio académico de estos fenómenos, abordando tanto las experiencias de conciencia en el momento de la muerte como los casos documentados de recuerdos de vidas pasadas en niños y adultos.

Apéndice D: Listado de centros e instituciones dedicadas al estudio de la conciencia y las ECM

A continuación, se presenta un listado de centros e instituciones en distintas partes del mundo que se dedican al estudio de la conciencia, las experiencias cercanas a la muerte (ECM) y la posibilidad de una vida después de la muerte. Estas organizaciones desempeñan un papel fundamental en la investigación y difusión de conocimientos sobre estos temas.

1. Centro de investigación Windbridge

- **Ubicación:** Tucson, Arizona, EE.UU. UU.
- **Descripción:** El Windbridge Research Center es una organización sin fines de lucro dedicada al estudio científico de la conciencia y su posible continuidad después de la muerte física. Sus investigaciones se centran en fenómenos como la mediumnidad y las ECM, y el centro emplea rigurosas metodologías experimentales para investigar la supervivencia de la conciencia. Además, colabora con medios para entender mejor el proceso de comunicación con supuestas entidades espirituales.

2. Instituto Monroe

- **Ubicación:** Faber, Virginia, EE.UU. UU.
- **Descripción:** Fundado por Robert Monroe, el Instituto Monroe es un centro de investigación y educación que se especializa en estados expandidos de conciencia y experiencias fuera del cuerpo. A través de tecnologías de audio como Hemi-Sync®, el instituto explora la conciencia no local y fomenta investigaciones sobre la naturaleza de la experiencia humana más allá de la percepción ordinaria.

3. Centro para la Ciencia y la Conciencia

- **Ubicación:** Ann Arbor, Míchigan, EE.UU. UU.
- **Descripción:** Ubicado en la Universidad de Míchigan, este centro realiza investigaciones avanzadas en neurociencia y psicología para comprender mejor la conciencia y sus aspectos neurológicos. Aunque no se dedica exclusivamente a las ECM, el centro aborda el estudio de la percepción consciente en estados alterados y límites de la experiencia humana.

4. Sociedad Internacional de Estudios de Experiencias Cercanas a la Muerte (IANDS)

- **Ubicación:** Durham, Carolina del Norte, EE.UU. UU.
- **Descripción:** La Asociación Internacional para Estudios Cercanos a la Muerte (IANDS) es una organización sin fines de lucro que se dedica a la investigación y educación sobre las ECM. Fundada en 1981, IANDS apoya a investigadores, médicos y personas interesadas en comprender los efectos de las ECM en la vida de quienes las experimentan. La sociedad organiza conferencias y mantiene una base de datos de casos de ECM para el estudio académico.

5. Instituto de Ciencias Noéticas (IONS)

- **Ubicación:** Petaluma, California, EE.UU. UU.
- **Descripción:** Fundado por el astronauta Edgar Mitchell, IONS investiga fenómenos no convencionales de la conciencia, incluyendo las experiencias fuera del cuerpo, las ECM y la telepatía. La institución realiza estudios científicos, organiza eventos educativos y promueve la integración de ciencia y espiritualidad para comprender la conciencia humana en su totalidad.

6. División de Estudios de la Percepción (Division of Perceptual Studies - DOPS)

- **Ubicación:** Universidad de Virginia, Charlottesville, Virginia, EE.UU. UU.
- **Descripción:** Esta división, fundada por el Dr. Ian Stevenson, se dedica a la investigación de fenómenos como la reencarnación, las ECM y las experiencias extracorpóreas. DOPS es reconocido por sus rigurosos estudios sobre los recuerdos de vidas pasadas en niños, y su equipo investiga sistemáticamente testimonios y casos de posible supervivencia de la conciencia después de la muerte.

7. Fundación de Investigación de Experiencias Cercanas a la Muerte

- **Ubicación:** Online, con sede en EE.UU. UU.
- **Descripción:** NDERF es una fundación que recopila, analiza y publica testimonios de personas que han vivido ECM. Su sitio web ofrece una base de datos global de experiencias cercanas a la muerte, traducidas a Múltiples idiomas, lo que facilita el acceso y análisis de datos para investigadores y público en general.

8. Fundación de Parapsicología

- **Ubicación:** Nueva York, EE.UU. UU.

- **Descripción:** Fundada en 1951, esta fundación apoya la investigación científica de fenómenos psíquicos, incluyendo las ECM, la mediumnidad y la percepción extrasensorial. La Parapsychology Foundation organiza simposios y otorga becas para promover el estudio riguroso de fenómenos que podrían sugerir la existencia de una vida después de la muerte.

9. Sociedad de Investigación Psíquica (SPR)

- **Ubicación:** Londres, Reino Unido

- **Descripción:** Fundada en 1882, SPR es la organización más antigua en el estudio de fenómenos paranormales y estados alterados de conciencia. Desde sus inicios, ha investigado experiencias relacionadas con la muerte, como apariciones y comunicaciones después de la muerte. SPR publica la revista *Journal of the Society for Psychical Research* y fomenta la investigación multidisciplinaria en el campo de la parapsicología.

10. Fundación de Ciencias de la Vida después de la Muerte (Instituto de Investigación y Educación sobre la Vida Ultraterrestre - AREI)

- **Ubicación:** Scottsdale, Arizona, EE. UU. UU.
- **Descripción:** AREI se dedica a la educación y la investigación en torno a la vida después de la muerte y los fenómenos asociados, como la mediumnidad y las ECM. La fundación organiza conferencias y proporciona recursos a investigadores y público en general para explorar el tema de la supervivencia de la conciencia.

11. Centro de Estudios de Experiencias Cercanas a la Muerte

- **Ubicación:** Universidad de Durham, Reino Unido
- **Descripción:** Este centro universitario investiga las ECM desde una perspectiva académica y multidisciplinaria, enfocándose en los efectos psicológicos y transformativos que estas experiencias tienen en quienes las viven. También promueve la investigación en el campo de la psicología.

**GRACIAS POR COMPRAR
ESTE LIBRO.
DESCUBRE MÁS EN
NUESTRA WEB:**